Dobrodošli u svijet biznisa 21. stoljeća

POSLOVNA PRILIKA KOJA OSVAJA SVIJET

ZA ONE KOJI ŽELE ŽIVJETI A NE ŽIVOTARITI

ZA DRUGAČIJE LJUDE

KAKO OSIGURATI PRIHODE PREPORUČIVANJEM A DA NE RADITE ZA DRUGE I ZA MINIMALAC

Priručnik i kontakt knjiga – Izdanje 2. 2017
ISBN: 978-1-387-11853-3

Henry Ford je rekao:
"Svaku poslovnu mogućnost dobro proučim, jer nikada se ne zna gdje se krije životna šansa."

Kakav posao tražite

- Da zaradite 100 ili 200 KM za ratu kredita
- Da zaradite 1000 i više, ali nakon učenja minimalno godinu dana
- Da zarađujete koliko Vi želite
- Radno mjesto za 450 KM do 1500 KM nije bitno šta da radim
- Poslovnu priliku, gdje cete zaraditi koliko vrijedite, gdje će vas cijeniti, mogućnost da budete vlasnik biznisa, velika mogućnost napredovanja, ostvariti karijeru, ostvariti svoje životne ciljeve, upoznavati ljude, putovati, itd...

Sve novčane vrijednosti su izražene u konvertibilnim markama [KM] države Bosne i Hercegovine. *1 € je cca 2 KM*

Mi ćemo vam pokušati na najjednostavniji način objasniti najveću poslovnu priliku, gdje cete zaraditi koliko vrijedite, gdje će vas cijeniti, mogućnost da budete vlasnik biznisa, velika mogućnost napredovanja, ostvariti karijeru, ostvariti svoje životne ciljeve, upoznavati ljude, putovati, itd...

Molimo vas da dobro proučite ovaj priručnik prije nego donesete odluku!

Džek Ma, osnivač najveće svjetske e-trgovine Alibaba.com komentariše jačinu izgovora kod siromašnih osoba

(zašto bespomoćne osobe koje se žale da nemaju posao, veoma često ostaju bez posla).

Džek Ma, kaže

Najgore osobe za usluživanje i saradnju su “mentalno” siromašni ljudi:

Dajte im nešto besplatno, pomisliće da je to neka zamka.

Kažite im da je (ponuđeni posao) **mala investicija**, oni će reći da od toga ne mogu dovoljno da zarade.

Kažite im da **ulože više**, tada kažu da nemaju para.

Kažite im **da probaju nešto novo**, tada kažu da nemaju iskustva.

Kažite im da je to **tradicionalan posao**, tada kažu da je to teško raditi.

Kažite im da je to **nova poslovna prilika**, oni će reći daje to MLM.

Kažite im **da vode prodavnicu**, oni kažu da je to robija.

Kažite im daje to **nova vrsta posla**, reći će da nemaju ekspertizu iz traženih oblasti.

Svi oni imaju neke zajedničke osobine:

Vole da pitaju Google za mišljenje, slušaju prijatelje koji su isto tako beznadežni kao i oni. Oni razmišljaju više nego univerzitetski profesor, a čine manje od slijepe osobe!

Zamislite da postoji

- Provjerena kompanija i minimalno 5 godina uspješnosti
- Raditi 24 mjeseca i osigurati sebi i obitelji sigurnu financijsku budućnost
- Ne ugroziti posao koji trenutno radite

Nemoguće zar ne!

- Da li bi vjerovali nekome tko bi vam kazao da možete zaraditi radeći narednih 12 mjeseci preko 1000 eura mjesečno i to zauvijek. A zamislite tek za 24 mjeseca i više...
- Sve što vam treba je malo vremena, interneta, učenja i rada
  - Mnogima smo promjenili život , te se nadamo da ćemo i vama u ovih 1:30h dok vam prezentiramo najveću poslovnu

ponudu trenutno na svijetu.

Dali ste ovako razmišljali?

- Do nedavno smo većina razmišljali da će nam diploma promjeniti život i osigurati budućnost.
- Danas mnogi isto misle jer su pogrešno učeni na fakultetima i ostalim školama
- Dali uistinu mislite da osoba sa fakultetom mora dobiti radno mjesto, a znamo da danas svatko ima fakultet

Šta je stvarnost
(Vaša životna zarada kao nečija godišnja + morate je potrošiti)

Kolika je prosječna plata u BiH?

- 300 Eura X 12 mje. = 3.600 €/godišnja
- 3.600 Eura x 40 god.= 144,000 €/Radni Vijek
- >>> Mirovina – Siromaštvo =155 €

Razmislimo:

Dali će se što promjeniti?

- Sve propada
- Radna mjesta nestaju
- Ljude mijenjaju mašine, roboti. kompjutori i trake
- Kinezi nam donijeli jefinije
- Francuzi ljepše

- Njemci kvalitetnije (navodno)
- Japanci preciznije
- Čovjek je višak u svakoj tvrtki
- Političare ne zanima vaš status
- Prodata priča da morate raditi 40 godina za druge i minimalac i da svijesno postanete siromašni penzioner. Zašto tako nerade bogati, a znamo da mnogi bogataši nisu imali ništa prije nego su postali bogati.

Tehnologija, koja se razvija velikom brzinom, postavlja ispred nas nove izazove ali nam donosi i neke nove mogućnosti za zaradu.

PAMETNI KUPCI

Tehnologije su danas prisutne u gotovo svakoj maloprodajnoj transakciji čime se stvaraju drugačija iskustva kupovine trgovaca i kupaca, poruka je najnovijeg istraživanja kompanije MasterCard. Osam od deset kupaca u svijetu odluku o kupnji donosi informirajući se putem pametnih uređaja, a sve više kupaca kaže kako je kupovina postala pametnija te da za svoj novac dobivaju više vrijednosti nego prije. Iako kupovina u trgovinama i dalje iznosi devet desetina kompletne maloprodaje, nove tehnologije su, u usporedbi s prethodnim godinama, dovele do preciznijih kupnji manjeg broja proizvoda i u posebno odabranim trgovinama.

"Za uspjeh trgovaca najvažnije je razumijevanje 'pametnih' kupaca, no kupci su i dalje nezadovoljni činjenicom da ih trgovci ne razumiju", rekao je povodom predstavljanja ovog istraživanja Mathieu Loury, predsjednik Merchant Solutions kompanije MasterCard. On dodaje kako je "dobra vijest da postoje rješenja kojima se mogu analizirati i ispuniti ova očekivanja, čime se 'omnikupcima' (kupci koji koriste sve prodajne kanale) podilazi na svakom koraku njihovog osnaženog puta te stvara okruženje koje ih gura naprijed".

MasterCardovo istraživanje "Retail CMO's Guide to the Omnishopper" kombinira podatke dobivene od tisuća kupaca iz cijelog svijeta s anonimnim uvidima u transakcije provedene putem kartica ove kartične kuće. Ključni pronalasci istraživanja govore da su tehnologije korištene za kupovinu gotovo univerzalne: 80 posto ispitanika izjavilo je kako prilikom kupovine koriste tehnologije poput aplikacija za provjeru cijena, usluge "click and collect" za kupnju putem interneta s preuzimanjem proizvoda u trgovini te tehnologije dostupne u trgovinama kojima se može istražiti ili naručiti određeni proizvodi, a šest od deset ispitanika se o proizvodima informira više nego što su se informirali prije dvije godine.

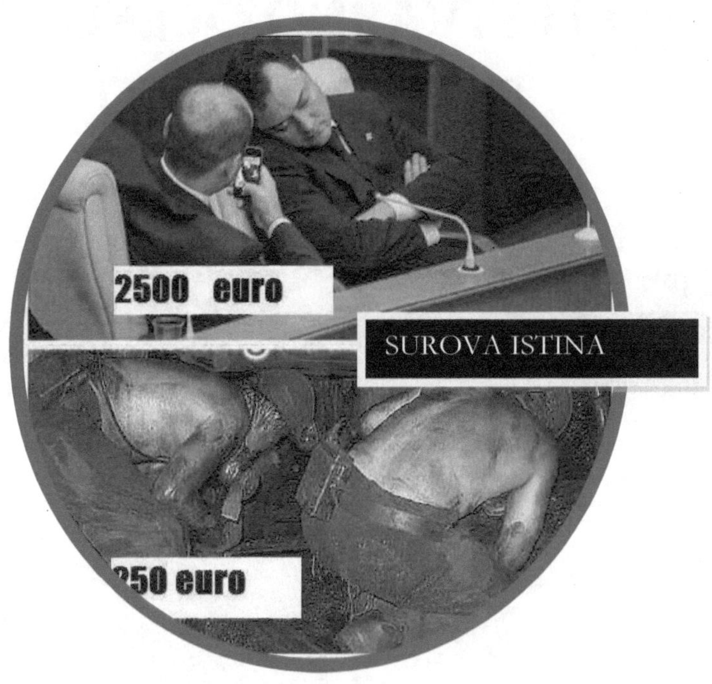

Država I političari nikad se više neće baviti upošljavanjem, znači došlo je vrijeme da sami sebi pomognete. Zato se informirajte i educirajte.

Bilo kako bilo, nova vremena donose i fantastične nove mogućnosti onima koji se ne drže kruto "stare škole", koji su fleksibilni i koji su otvoreni za nove ideje.

DA LI STVARNO OČEKUJETE RADNO MJESTO I SIGURAN POSAO

TUŽILAŠTVO ... KRIMINAL... RADNIČKE ... KORUPCIJ... POLITIKA

IDUĆE GODINE 30.000 TVRTKI IDE U STEČAJ!

Stečaj ne mora značiti gašenje tvrtke

Umiranje industrije

Svjesno kršenje zakona

Vrh ledenog brijega

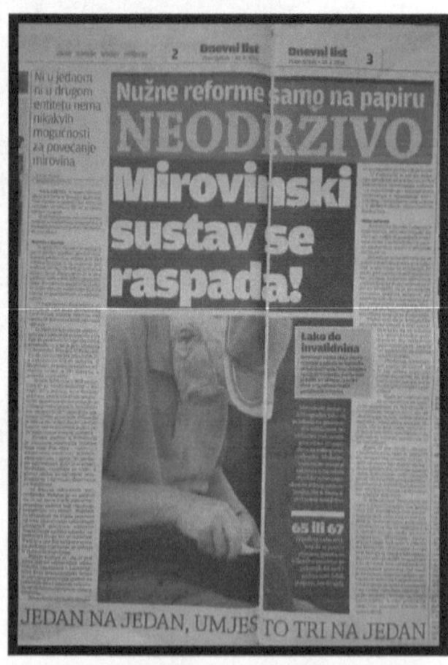

Dnevni list

Ni u jednom ni u drugom entitetu nema nikakvih mogućnosti za povećanje mirovina

Nužne reforme samo na papiru

NEODRŽIVO

Mirovinski sustav se raspada!

Lako do invalidnina

65 ili 67

JEDAN NA JEDAN, UMJESTO TRI NA JEDAN

Događaji 6 Dnevni list

PRORAČUN FBiH Otplata starih kredita i uzimanje novih za "krpanje" rupa

PREŽIVLJAVANJE

Federacija se u 2015. zadužuje dodatnih 680 milijuna maraka!

Sve dosadašnje vlasti BiH su polako, ali sigurno gurale u dužničko ropstvo

Entiteti se zadužili više od 800 milijuna

KREDIT NA KREDIT

430

Vlada RS-a je kod američkog investicijskog fonda zadužila čak oko 514 milijuna maraka, a u FBiH je od travnja do danas preko "trezoraca" zaduženje oko 200 milijuna maraka, a obveznica 80 milijuna maraka

10

Mogućnosti u životu

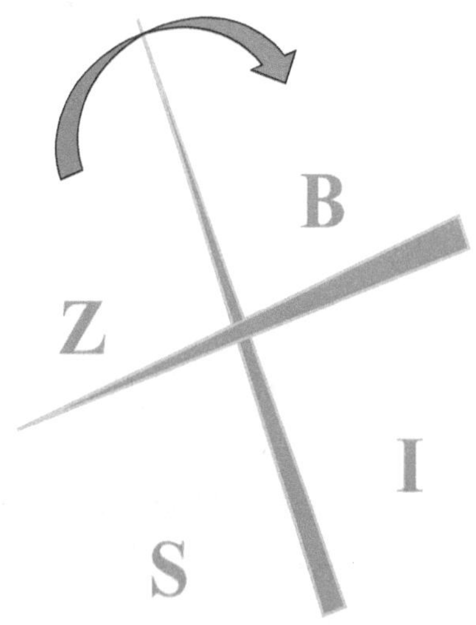

Z- ZAPOSLENIK

S - SAMOZAPOSLENIK

B - BIZNISMEN

I - INVESTITOR

Ova četiri kvadranta opisuju načine na koje različite grupe ljudi zarađuju novac.

Robert Kiyosaki

Bogati otac Siromašni otac ..

Biznis 21. stoljeća, biznis za ljude koji vole pomagati drugim ljudima.Najbogatiji ljudi na svijetu tragaju za mrežama i izgrađuju ih, svi ostali traže posao.

Gore prikazani kvadrant protoka gotovog novca naučio je od svog 'bogatog' oca i od tada ga koristi u svojim knjigama i govorima stalno ističući bitnost njegovog razumijevanja.
I mi ga ovdje prikazujemo jer ga smatramo osnovom financijskog obrazovanja. Ukoliko želite financijski napredujete morate prije svega znati gdje se nalazite, razumjeti razlike u

pojedinim kvadrantima i donijeti odluku gdje želite biti. Da krenemo onda polako na put kroz kvadrant protoka novca.
Ovaj nam kvadrant govori o 4 legalna načina zarađivanja novca. Sa lijeve strane kvadranta nalaze se ljudi koji ostvaruju aktivne prihode, a to su zaposlenici (Z) i samozaposlenici (S). Ove dvije skupine čine oko 90% svjetske populacije, a ta populacija kontrolira oko 10% svjetskog novca.

Aktivan prihod znači da on uvijek ovisi od vašeg rada, odnosno dok radite zarađujete, a kada ne radite ne zarađujete, te je stoga taj prihod uvijek ograničen.
Sa desne strane su ljudi koji ostvaruju **pasivne prihode**, i čine ih vlasnici biznisa (B) i investitori (I). Ove dvije skupine čine svega 10% stanovništva, ali na njih otpada 90% svjetskog novca. Pasivan prihod predstavlja prihod koji dobivate i kada više niste aktivni u poslu. Jedan primjer toga su autorska prava, kada ste vi jednom napravili nešto vrijedno (napisali knjigu, kompoziciju, scenarij ...) i ubire prihod kad god se to vaše djelo objavi. Kada govorimo o pasivnim prihodima u svijetu biznisa, to znači da vi unutar vašeg biznisa imate izgrađen jak

sustav, tako da on ne zahtijeva vašu prisutnost a donosi vam prihode. Suština kvadranta I je naučiti kako 'natjeramo' novac da radi za nas, umjesto da mi radimo za njega, jer kako bi Robert rekao: "Novac je najbolji radnik, on radi 24 sata na dan, nema odmora, slobodnh dana, bolovanja. "
Dakle, pitanje glasi: Na kojoj bi Vi strani željeli biti?
Ipak, nemojte žuriti s odgovorom. Naš cilj niije da vas uvjeriti da trebate biti u kvadrantu B ili I. Svaki kvadrant ima svoje prednosti i mane, pa je odluka o tome koji je kvadrant najbolji individualna stvar. Zato se najprije upoznajte malo bliže sa sva četiri kvadranta, dobro razmislite o njima i neka odluka bude samo vaša. A s vašom odlukom dolazi i vaša odgovornost, preuzmite je i konce svog života stavite u svoje ruke.
Međutim, ono što mi želimo istaknuti i o čemu govore naredni tekstovi je to da svijet biznisa ne mora biti takav kakvog ga vjerojatno sada zamišljate i da bez obzira iz kojeg ste kvadranta odlučili zarađivati za život, možete imati znatne koristi od kvadranta B.
Zato vas pozivamo da pročitate ostale tekstove, da zavirite malo u svijet biznisa i otkrijete da li tu

zaista ima nečega za vas ili ćete se držati podalje od njega. Odluka je naravno samo vaša.

Vremena se mijenjaju. U 21. stoljeću, će izgleda biti sve drugačije. **Industrijsko doba** je završilo, htjeli mi to priznati ili ne. Započelo je digitalno i **informatičko doba**, već odavno. Radna mjesta za zaposlenike se masovno gube, ljudi ostaju na ulici i nezaposleni. Zašto? Zato jer još uvijek nismo promijenili naš mentalni sklop. Razmišljamo na način da jedino što možemo je da radimo za nekoga, netko nam mora pronaći posao. Većina nas ne razmišlja na način da u sebi pronađe ideju, **sposobnost**, vještinu da stvori svoj **vlastiti posao** ili biznis. Ako je u svrhu toga potrebna možda i neka prekvalifikacija ili dodatni tečaj, zašto ne? Svaki čovjek je sposoban raditi barem desetak različitih poslova, sigurno i više. Ali ne...svi mi želimo raditi „u struci". A što to uopće znači? A što ako je naša struka nestala sa tržišta, ako više nitko ne traži te vještine i znanja koja smo učili u srednjoj školi ili fakultetu? Zar nije onda pametnije naučiti nešto novo?

Teško se mijenjati, znam. Pogotovo je teško mijenjati navike i mentalitet. Zato danas imamo puno ljudi koji su nezadovoljni, ljude koji prosvjeduju protiv nečega, koji traže da ima netko osigura i garantira sve ono što su imali prije 10 ili 20 godina (kolektivni ugovor, siguran posao, božićnicu, regres itd..) Mislim da nam već sad to nitko više ne može garantirati.
Ja sam dugo vremena razmišljao kako prijeći iz kvadranta Z u jedan od sljedećih kvadranata. Koliko god se trudio, stalno sam dolazio do zaključka da je moj maksimum da budem u kvadrantu S tj. da otvorim obrt i radim za sebe, ako ništa drugo da budem barem svoj šef. Dok jednog dana, sasvim slučajno nisam otkrio mogućnosti MLM biznisa.

> *"Novac je važan ali ne želim potrošiti cijeli svoj život radeći za njega"*
>
> *citat iz knjige KVADRANT PROTOKA NOVCA*

Biznis u kojem možeš biti sam svoj šef, u kojem sam određuješ svoje radno vrijeme i u kojem

možeš postići da drugi ljudi rade za tebe. A sve to bez nekih posebnih znanja i **bez početnog kapitala**. Samo uz računalo, internet vezu i puno dobre volje, upornosti i strpljivosti (baš one vrline i vještine koje nas nisu učili u školi:-).
Izuzetna poslovna prilika koja daje mogućnost nama, običnim ljudima da pokrenemo svoj biznis, kojeg možemo privremeno raditi i uz neki drugi posao jer ne oduzima mnogo vremena i možemo ga raditi bilo gdje i u bilo koje doba dana. Ako želite saznati više o ovoj poslovnoj prilici, čitajte ovu knjigu dalje.
Ovaj tip biznisa je samo jedan primjer kako možemo promijeniti stvari u svoju korist. Bez potrebe da visimo na burzi, da negodujemo zbog male plaće ili da budemo zabrinuti zbog mogućeg otkaza.
Postoje razne mogućnosti, samo trebamo biti **otvoreni** za njih.

Kako su nas učili?

- Da moramo imati dobre ocjene
- Da moramo upisati kvalitetnu srednju školu
- Da moramo upisati dobar fakultet

- Da moramo naći posao u sigurnoj kompaniji
- Da moramo nakon 65 godina otići u mirovinu

RADI 40 SATI tjedno, 40 GODINA = IDE U PENZIJU KOJA IZNOSI 40% OD PLATE KOJA MU JE ODUVIJEK BILA MALA

Da li griješimo?

Obrazovanje od ključnog značaja za svakog pojedinca, gdje se mogu izvući razna znanja i iskustva iz fakulteta. Ali smo otkrili da to više nije ni približno dovoljno.

U ovo vrijeme krize ukoliko želimo uspjeti ili naći posao u struci: potrebna je diploma, sjajne preporuke, ogromno iskustvo i praksa, biti najbolji u generaciji, imati veze, politički podoban i rođak od vlasnika kompanije.

Pssst ali sve tvrtke propadaju ili su davno propale...

OTVORITE OČI?

NOVO u iskorištavanju radnika – Lizing tj. rentanje radnika u Austriji i drugim europskim zemljama je postao unosan biznis gdje je radnik bukvalno postao rob.

Riječ leasing se odavno udomaćila na Balkanu, ali je prva asocijacija kupovina automobila na ovaj način, ili druge robe. Međutim, u posljednje vrijeme sve učestalije se spominje i zapošljavanje na leasing. Riječ je o privremenom angažmanu radnika, uz posredovanje agencija za poslove, za koji su tvrtke zainteresirane, ali za nižu plaću u odnosu na stalno zaposleno osoblje.

Zdravstvenu knjižicu ovjeravaju u agenciji, ne mogu dobiti kredit od banke i teško mogu računati na stalno zaposlenje, pa u sindikatima upozoravaju da postoji opasnost od "modernog ropstva". Međutim, pošto u većini zemalja regije stopa nezaposlenosti prelazi 20 posto, mnogi nemaju alternativu, pa umjesto da čekaju na biroima, prinuđeni su prihvatiti bilo kakav posao pod bilo kojim uvjetima.

Poslodavci smatraju da ne čine ništa nelegalno jer je privremeno iznajmljivanje radnika rasprostranjena praksa iu svijetu i da je to pozitivno utjecalo na funkcioniranje tržišta rada i konkurentnost. Naravno, njima je jeftinije platiti proviziju agenciji, nego da preuzmu na sebe obveze, kao što su plaćeno bolovanje, praznik, otpremnine i druge benefite na koje mogu računati stalno zaposleni.

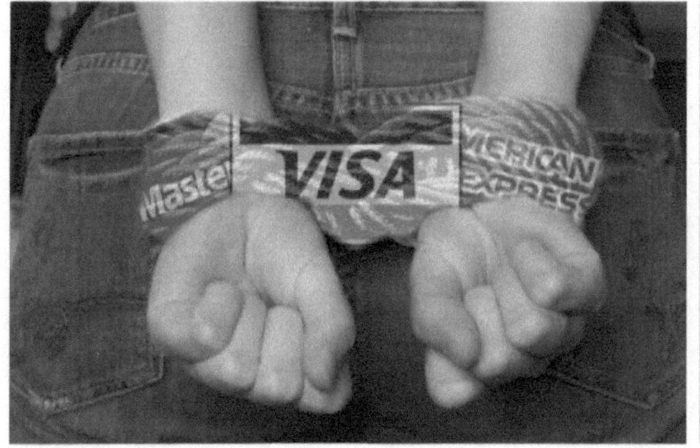

I onda nas uče da smo spremni se zadužiti za stan, auto i sl.. **-Dužničko ropstvo**

Ovakav rizik mogu si priuštiti samo 5% ljudi u našem okruženju

Razlog je neodrživi ekonomski i obrazovni sistem

Mi ćemo vam pokušati otkriti tajnu koju vas nikad nisu učili u školi, kako postati financijski i vremenski slobodan kroz sistem koji ćemo vam detaljno opisati.

Pogledajmo u prošlost?

Oko 100 godina unazad 90% ljudi je bilo uključeno u poljoprivredu, radilo na farmama, obrađivali zemlju i u to doba je takav život bio extra.

Dolaskom industrije, razvojem strojeva, proizvodnih traka, automatizacije, a u novije doba pojavom kompjutora i robota, sad radi samo na primjer u poljoprivredi 2% svjetske populacije.
Razvojem tehnologije izumrli su mnogi poslovi u poljoprivrednom sektorima

U automobilskoj industriji broj ljudi koji su bili zaposleni se smanjio za 95%. Zašto? Pa zamijenili su ih strojevi i roboti.
U bankama na info pultu se postavljaju roboti koji daju informacije na 10 jezika. U bankama se otpuštaju postepeno radnice jer je povecano korištenje internet bankarstva.

Problem! Sve nas od malena pogrešno uče

Obrazovni sistem je usmjeren ka krivom smjeru.
Na primjer mnogo osoba se odlučuje na pohađanje poljoprivrednih fakulteta bez obzira što je sve manja potreba za ljudima u poljoprivredi
Mnogi ostaju bez radnih mjesta.
Zamislite kome trebaju tisuće završenih diploma , pravnika, sociologa, filozofa itd...

Disbalans je takav da u Srbiji svake godine fali između 20.000 i 30.000 kvalifikovanih radnika, dok u isto vreme nekoliko tisuća studenata završi fakultete za kojima ne postoji tražnja na tržištu rada.

Srbija nema nacionalni okvir kvalifikacija, koji je najznačajniji instrument za uspostavljanje ravnoteže između te dvije krajnosti, odnosno između tražnje i ponude radne snage.

Samo na državnim fakultetima postoji 139 zanimanja koja ne postoje u zvaničnom šifarniku zanimanja pa samim tim nikom nisu ni potrebna.

„Tržištu je realno potrebno manje od 20 odsto visokoobrazovane populacije", tvrde profesori, dodajući da broj studenata na budžetu treba određivati prema tržišnim potrebama. **U drugim državama je isto stanje.**

Satima bi mogli navoditi primjere ali je dovoljno da se fokusirate na naredni dio predavanja, gdje ćemo vam otkriti kako da osigurate lagodniju financijsku budućnost. Netrebaju nam vaše diplome, poznavanje engleskog, tehnička znanja i sl..

Poslovna prilika

6 godina ova poslovna prilika bukvalno mijenja ekonomiju u 21 zemlji Europe i šire.

Upoznali smo se sa odličnim poslom koji osigurava

1. **sjajnu poslovnu priliku,**
2. **velike zarade,**
3. **putovanja,**
4. **da postanete sam svoj šef,**
5. **da radimo sa kim hoćemo, kad hoćemo i koliko hoćemo.**
6. **Posao koji nikad nemože izumrijeti. ZAŠTO?**
7. U zadnje dvije godine oformili smo timove u mnogim gradovima, i sa njima dijelimo znanja koja smo stekli i posao je uhodan. Ljudi jedu i piju*.
8. Najviše nas oduševljava kad naši članovi zarade više nego u klasici, ili kad zarade u jednom danu nečiju mjesečnu platu 1140 KM, a to ljude zadržava u poslu.

To je neopisiv osjećaj kada ljudi sa kojima surađujete ostvare takve rezultate, sljedeći 11 jednostavnih koraka franšize.
Ali ti ljudi su prepoznali poslovnu priliku, uložili trud i sada uživaju plodove svoga rada.
Mi ćemo podijeliti sve informacije kako bi i vi ostvarili fantastične prihode.
Što vam je potrebno?

*<u>*shvatiti ćete značenje nastavkom čitanja</u>*

Pristup internetu, osnovno poznavanje korišćenja računara, te 30 do 60 minuta dnevno rada da bi uspješno radili ovaj posao. NAPOMENA: Mi sad tražimo ljude koji će prepoznati ovu poslovnu priliku i ponuda je vremenski ograničena jer tražimo tim ozbiljih ljudi.

Primjer preporučivanja

Mnogo puta ste bili u situaciji kada ste preporučili prijatelju neku loyalty karticu, proizvod ili uslugu.

Zašto ste to uradili?

Jer ste bili oduševljeni kvalitetom,dizajnom , cijenom itd...

Zamislimo primjer:

Otišli ste sa dragom osobom na putovanje, odsjeli ste u hotelu, cijena pristupačna, posluga sjajna, imate sjajan pogled.

Naravno svako putovanje povlači i večere u preporučenom restoranu

Nakon večere, ostali smo zadovoljni cijenom, kvalitetom i uslugom

Ono što ćete sigurno napraviti kad se vratite kući je da ćete preporučiti taj hotel i restoran svojim prijateljima, ili ćete odmah postaviti slike na facebook stranicu.

U tom trenutku niste ni svijesni da ste upravo uradili marketing preporukom, ili marketing od usta do usta. Što je ujedno i najsnažnija vrsta marketinga

U čemu je problem?

Navedeni hotel i restoran neće vas platiti ni feninga za to, iako ste im napravili sjajnu reklamu, već će utrošiti novce na zastarijele i ne ekonomične metode reklamiranja.

TV reklamu, novine, medije, društvene mreže itd...

Zar nebi bilo lijepo da su vas hotel i restoran platili za vaše preporuke?

Zapravo to zvuči logično a i moguće je.

Prije par godina smo se susreli sa takvim načinom poslovanja i doslovice nam je promijenio način razmišljanja
Da li vam zanimljivo zvuči ideja da možete zarađivati svaki put kad kupuju vaši ukućani, prijatelji i poznanici mlijeko, kruh,odjeću, obuću, telefoniraju, sipaju gorivo, odsjednu u hotelu, restoranu, i na sve što troše ionako svaki dan, i tako do kraja života.

Shvaćate li da to podrazumjeva doživotnu zaradu

Šta to znači na konkretnom primjeru

Šta to znači na konkretnom primjeru

Zamislimo da ste preporučili navedeni hotel ili restoran samo 4 osobe, a te 4 osobe preporučile dvijema osobama , a hotel i restoran je znači imao 12 potrošača koji su napravili promet tj ostvarili im profit. Za par dana vam hotel i restoran isplate vaš dio procenta jer ste ih preporučili na gore navedeni način tj. reklamom od usta do usta (od usta do uha).

Svakog dana potrošači su doslovno bombardirani tisućama reklamnih poruka. Svakog dana kompanije oglašivači troše milione u nadi da će se baš njihova poruka probiti kroz medijsku džunglu i doći do potrošača. Nažalost, najčešće se dešava upravo suprotno. Na postojeću pretrpanost informacijama kompanije gomilaju još više. Od svih odaslanih poruka mali broj njih potrošači uopće i primjete, a na svega nekoliko reagiraju onako kako bi to kompanija željela (proba, kupovina).

Potrošači se danas više nego ikada prije oslanjaju na informacije dobivene komunikacijom od usta do usta. Marketing je došao do točke preokreta – točke u kojoj više nije važno šta kompanija kaže potrošaču, koliko ono šta potrošač kaže drugom potrošaču. Knjiga „Marketing od usta do usta: kako učiniti potrošače glasnogovornicima kompanije" prva je knjiga u ovoj oblasti koju je napisao autor s područja država bivše Jugoslavije, ali i prvi cjeloviti pregled ključnih vrsta marketinga od usta do usta ikad objavljen u svijetu. Ona nudi jedan sasvim novi pogled na marketing, ukazujući pri tome na bolji i djelotvorniji način kreiranja ukupnih marketinških odnosa kompanije s tržištem, način koji je adekvatniji i svojstveniji vremenu u kojem živimo.

E sad Vas vjerovatno zanima koliko se može zaraditi na ovakav način?
Da bi vam približili potencijal ovakvog načina poslovanja usporedit ćemo dvije vrste zarada

AKTIVNA ZARADA
Klasični posao, svaki dan ustajanje u 6 ujutro, mukom odlazak na posao, i raditi 8 sati kako bi zaradili. Te zarade su male oko 350 eura i nema šanse da vam se povećaju. Kada prestajete raditi prestajete i primati novac. Na ovaj način nemate šanse da postanete financijski slobodni, i da živite život kakav želite. Postajete samo platioc računa i suvremeni rob.

PASIVNA ZARADA
U ovoj vrsti zarade je drugačije.

Cilj je da gradite posao i počnu vas odmah plaćati.
Nakon nekog vremena vaša zarada se počne povećavati i u vremenskom periodu od 2 do 5 godina imate stalni izvor prihoda, tj svaki mjesec zaradu a da poslije nemorate više nikako raditi.
To vam omogučava vremensku i financijsku slobodu
Tada možete sebi priuštiti sve stvari o kojima ste maštali

O ovome malo tko razmišlja, ali svi bogati ljudi rade upravo ovo i čuvaju tajnu za svoja pokoljenja. Vi imate veliku karmu što ste od prijatelja dobili ovu knjigu ili ste je sami nabavili.

OVAKAV POSAO IMA VRLINE:

1. nemožete uspjeti preko noći,
2. nema plate već zarade i
3. mora se raditi i stalno učiti.
4. nema gornjeg limita u zaradama.

Mi ćemo vam samo dati jedinstvene informacije od kojih

možete itekako profitirati do kraja života, i ostaviti ga u nasljedstvo djeci.
Ali za izgradnju ovakvog posla potreban je uloženi trud.
Trud je mnogo manji nego u klasičnom poslu, ali možete zaraditi mnogostruko više.
Mrežni marketing je mnogo bolji od klasičnih poslova :

Struktura klasične tvrtke (npr.: tvornice, trgovine, drzavne kompanije)

1. Vlasnik, direktor je uvijek na vrhu i radnik nikad nemože doći na vrh.
2. Zarađuje punoooo više od ostalih radnika.
3. Radnici na dnu ovakve kompanije nemaju nikakve šanse da se penju ka vrhu i da zarađuju više.
4. Ako se dogodi da radnik ode na poziciju iznad to je samo pojedinac i to većinom rodbinski vezan za vlasnika, direktora.
5. Ovo nije fer način poslovanja i ljudi većinom rade 40 godina i odu svjesno u siromaštvo.
6. Većinom radnici rade za šefa kojeg nevole, plate tek tolike da mogu platiti račune. 40x40=40

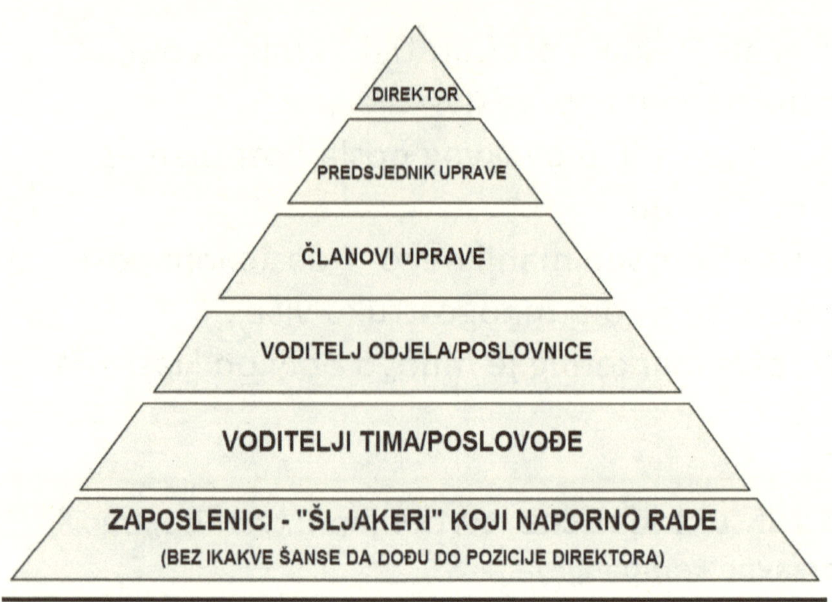

" Ne hvala! Izgleda mi kao piramida "

Ovo nije fer način poslovanja i ljudi većinom rade 40 godina i odu svjesno u siromaštvo i to tek u 67. godini. Nepravedno zar ne. **Većinom radnici rade za šefa kojeg nevole, plate tek tolike da mogu platiti račune. 40x40=40**

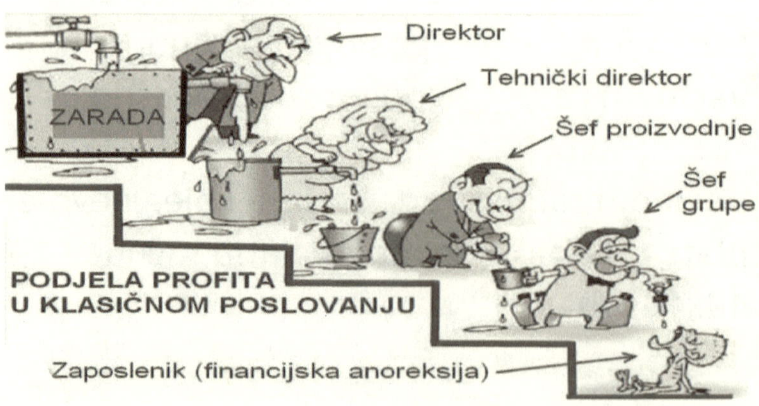

Mrežni marketing ????

Ako ima netko posao koji voli mi ga ne tjeramo da ga ostavi nego želimo da vam objasnimo poslovanje koje vam može promjeniti život nabolje.

U MLM u vi ste šef svog posla.

1. Interes vam je da pomažete ljudima da zarade i vrše duplikaciju vas.
2. Na taj način vaš tim progresivno raste a samim time i zarada.
3. Vaša mreža klijenata može biti mnogo veća nego klasične kompanije.
4. Vaša zarada ovisi o količini uloženog truda.
5. Vaši ljudi ispod vas mogu zarađivati više od vas ukoliko učinkovitije rade.

To predstavlja fer i pravedan način poslovanja
Sve ovo smo vam rekli da bi vam otkrili najbolju kompaniju mrežnog marketinga, koja nam omogućava da zaradimo kada našu obitelj, prijatelje, rodbinu upoznamo sa time da kupuju hranu, piće, gorivo, odlaze u kafić, doslovno sve što čini svakodnevnu potrošnju svega što ionako moraju kupiti svaki dan.

- Ideja vrlo interesantna

- Svakom kupovinom ostvarujemo povrat novca
- Nema godišnjih članarina

Normalno kao i Vi pitali smo se dali se ovo netko zeza sa nama i želi da nam proda nešto.

Ovo je biznis po vjerskom principu:
Pomozi drugim ljudima da uštede ili uspiju, da bi i ti imao procenat od njihove uštede ili uspjeha

Kompanija koja nam omogućuje da zaradimo na kupovinama ljudi koje preporučimo se osigurala da se mogu uključiti suradnici samo na preporuku već aktivnih lidera. Javite se osobi od koje ste kupili ili dobili ovu knjigu.

Sve informacije na Email: msgklub@gmail.com

Šta su nam nudili do sada?
Prodajne sisteme.

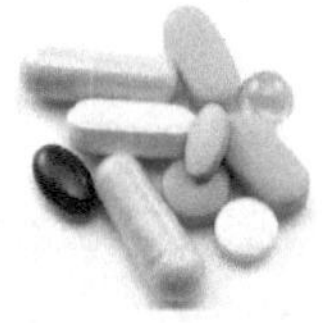

Za ovakav jedistven način poslovanja koji ćemo vam ponuditi vjerovatno niste nikad čuli.

Ono što ćemo vam mi ponuditi je da u nijednom trenutku nemoramo nikome ništa prodavati.

Kako je to u našem slučaju

PRIMJER:

Pošaljete prijatelja da kupi u partner trgovini. Nakon toga mu se vrati dio novca na karticu. Kad je naš prijatelj platio i mi dobijemo od te trgovine procenat na sve što je potrošio jer smo ga mi poslali da kupuje u toj trgovini.

Nadamo se da shvatate da kupovina nikad neće prestati, ona se jednostavno mora dogoditi.
Ovo je prilika u kojoj zarađujemo do kraja života i uvijek višestruko raste.
Imate svu pomoć od osoba koje su vam rekle za ovu poslovnu mogućnost.
Ako želite velike zarade po nekoliko tisuća eura sad ste na pravom mjestu i u pravo vrijeme.

Šta je naš posao

Mi ne prodajemo nikome ništa, nego preporučujemo gdje će kupovati

Naš posao je da pomažemo ljudima da **uštede novac** pri svakoj kupovini proizvoda ili usluge koje oni ionako kupuju, pomoću **najmodernijeg bezkontaktnog kartičnog sistema,** a i mi ostvarujemo osobne zarade.

Kompanija koja vam ovo omogućava je najveće udruženje potrošača po MLM u, te osnovni program je posredništvo pri kupovinama i ponuda loyalty kartičnog sistema

Ovo je poslovna prilika koja osvaja Svijet!

- ~ 292500 članova
- Više od 5000 tvrtki u kojima možete koristiti ovaj sistem i sa kojom dobivate

najveću poslovnu priliku od postanka svijeta

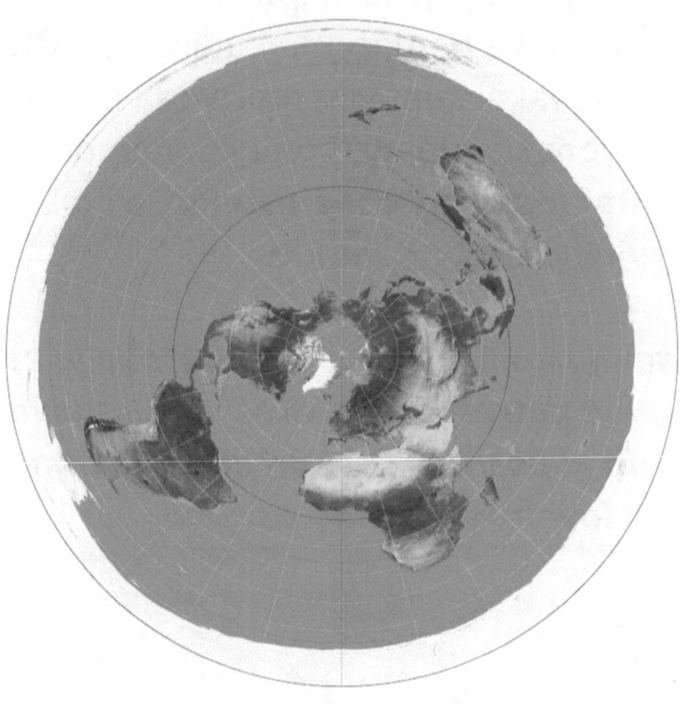

Srbija	BiH (F BiH/RS)
Hrvatska	Crna Gora
Mađarska	Slovačka
Rusija	Njemačka
Rumunija	Austrija
Makedonija	Turska
Holandija	Ukrajina
Bugarska	Slovenija
Armenia	Belgija
	Grčka
	(u otvaranju Španija, Italija)

Neke kompanije koje nas isplaćuju za navedene preporuke.

Detaljno objašnjenje plana zarađivanja

Počnimo od primjera koji je naveden u Power Point prezentaciji. Ispravno razumijevanje plana nagrađivanja kao i cijele ideje na kojoj se zasniva ovo naše udruženje potrošača je preduvjet za uspjeh cijelog projekta. Vaš uspjeh! Zato smo uložili dodatni napor da ovaj detaljan materijal pripremimo, a Vi uložite dodatni napor da ga proučite i usvojite!

Mogli smo ovdje da dizajniramo lijepe crteže sa Vista stilovima i sjenkama, ali sam namjerno ostavio crteže koje lako možete crtati prilikom objašnjavanja sebi i svojim saradnicima.

Kompanija je udruženje potrošača i zarada dolazi od popusta koje dobijamo od firmi partnera, drugim riječima od firmi koje nam daju popust zato što nas ima mnogo i reklamiramo saradnicima da radije kupuju kod firmi partnera nego kod onih koji to nisu. Za primjer koji ćemo ovde prikazati uzećemo da smo dobili 10% popusta, a ako smo negdje dobili manje ili više, onda se sve proporcionalno mijenja.

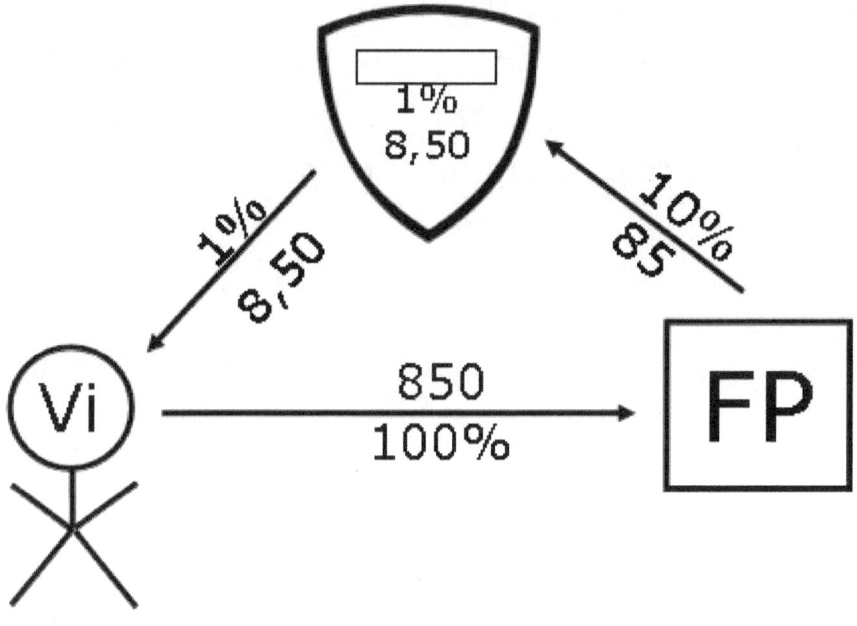

Prvi vid zarade: direktna

Prvi vid zarade je zapravo direktan vid u 4 nivoa. Pretpostavimo da smo kupili neki nadprosječan televizor za 1700 KM, što je otprilike oko 850 evra.

Dakle, kupujemo televizor od 1700 KM. kod firme partnera.. "npr. PC centar " ste u ovom slučaju vi, a firma partner je FP. Firma partner (FP) vraća našoj kompaniji 10% od vrijednosti televizora. Ukoliko je popust koji je dogovoren sa firmom partnerom veći od 3%, onda kompanija zadržava 1% za sebe, za svoje troškove. Ukoliko je dogoverni popust manji, kompanija ništa ne zadžava za sebe nego kompletan popust prepušta nama kao

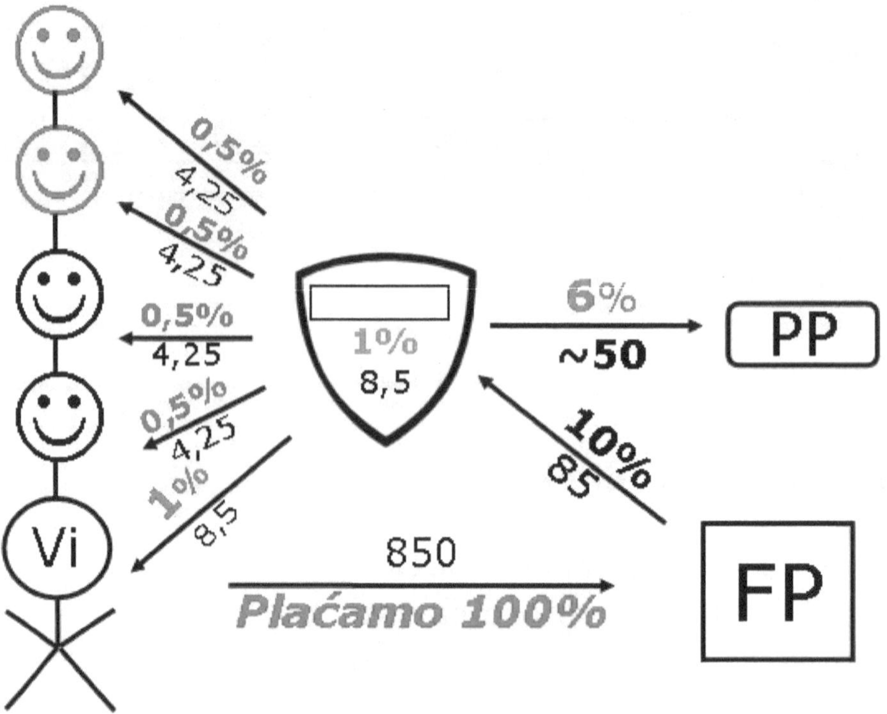

članovima udruženja potrošača.

Vrlo je važno objasniti ljudima da se ovaj popust od 10% ne vraća direktno samo jednom čovjeku i da je to zapravo genijalnost ovog sistema i ako se to nekome ne sviđa, onda treba da traži udruženja potrošača koja popuste vraćaju jednom čovjeku. Karakteristično u svijetu za takva udruženja potrošača jeste da ni jedno nema ovako motivisane potrošače da šire mrežu kao što je naša! Ovaj popust se vraća kao zarada u više nivoa i u nekoliko načina nagrađivanja, slično kao u klasičnom mrežnom marketingu.

Više načina nagrađivanja nisu tu da komplikuju stvari, nego da motivišu određene kategorije graditelja mreže da što brže grade i svoju mrežu i mrežu svojih saradnika.

Krenimo od prvog i najjednostavnijeg načina nagrađivanja.

Kada firma partner(FP) prebaci 170 KM. kompaniji tada 1% (17 KM.) od onih 10% koje smo dobili kao popust od firme partnera kompanija prebacuje na vaš račun, kao povrat novca od kupovine ili kao popust.

0,5% prebacuje vašem preporučiocu ili kako ga ovde zovemo instruktoru, kao nagradu što vam je preporučio naš sistem uštede. Po 0,5 % dobijaju i sljedeća tri instruktora u toj vertikali. Da ovo bude još malo jasnije, navešćemo primjer.

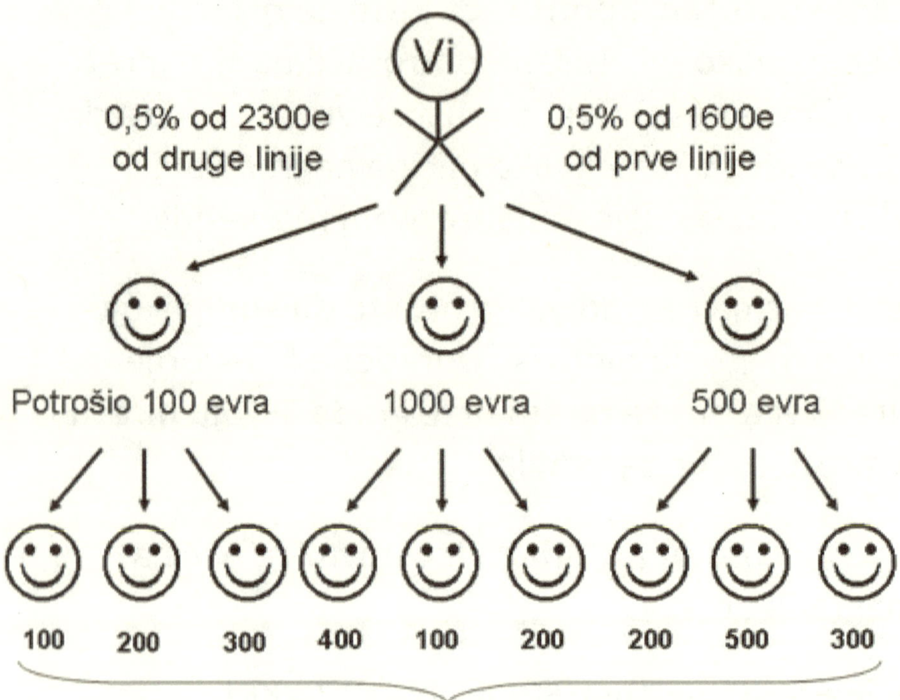

Recimo da ste vi do sada preporučili u našu mrežu tri vaša lična poznanika, njima se svidjelo i oni su to isto uradili. Preptostavimo da su vaši prijatelji zadovoljni sa popustima isto doveli svako po tri svoja prijatelja. Pretpostavimo da ste vi ovog mjeseca potrošili 100 EUR, vaši prijatelji u prvoj liniji 100, 1000 i 500 EUR. Ovaj prijatelj u sredini je vjerovatno imao malo veće rashode tog mjeseca baš kod firmi partnera. U drugoj liniji su u ovom primjeru potrošili ukupno 2300 EUR.

Vi dobijate na osnovu ovog prvog vida zarade 1% od svoje osobne kupovine, 0,5% od prve linije što iznosi 8 EUR i 0,5% od druge linije što iznosi 11,5 EUR. Ukupno ste dobili 20,5 EUR povrat novca, a potrošili ste ovog mjeseca 100

EUR. Sa kolikim ste popustom kupovali? A koliki bi bio popust ako biste doveli direktno 50 vaših poznanika, a svako od njih recimo po 20? Da li je to nemoguće? Zašto bi bilo, kada je uključenje u našu mrežu potrošača besplatno! Samo u drugoj liniji biste imali 1000 potrošača, a sa prosječnom potrošnjim od samo 50 evra po potrošaču vi biste imali 250 EUR povrat novca iz druge linije!

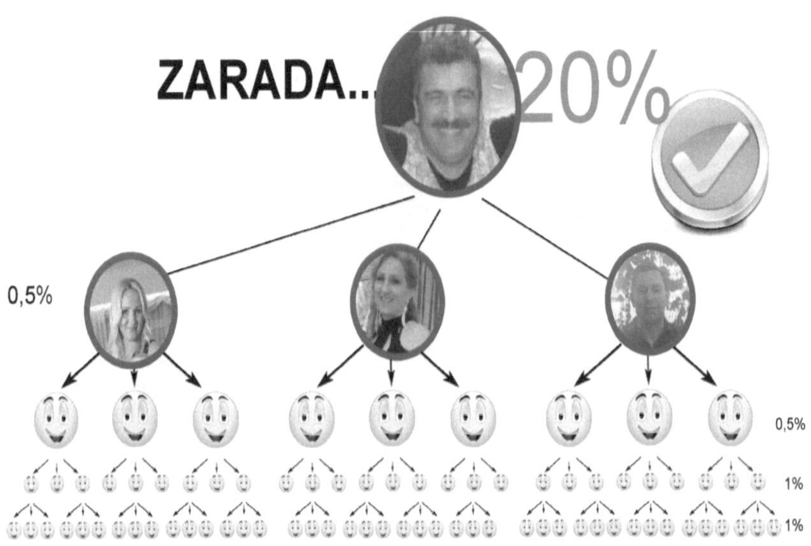

Ovakvu mrežu potrošačkih kartica možete izgraditi 2 do 5 god. Recimo za neke i 10 god

... ako *VI* *uključite* ...

I II III IV .... (Vaša MREŽA ... i ... ZARADA)

5 x 5 x 5 x 5 (model 1)

5 + 25 + 125 + 625 = 780 potrošača — **78–780 €**

20 x 10 x 5 x 2 (model 2)

20 + 200 + 1000 + 2000 = 3.220 potrošača — **322–3.220 €**

10 x 10 x 10 x 10 (model 3)

10 + 100 + 1000 + 10000 = 11.110 potrošača — **1.110 € ... ?**

mjesečno

... a *oni troše* mjesečno kod FP...

20 € ... 50 € ... 100 € ... 200 € – a [illegible] x 0,5%

= 0,1 € ... 0,25 € ... **0,5** ... 1 € x **broj potrošača = ... €**

Drugi vid zarade: binarno stablo

Sada idemo na objašnjenje drugog vida zarade, iz binarne matrice. Ostalo nam je u prethodnoj računici 6% neraspoređeno kada smo od 10% oduzeli 1% i 4x0,5% i 1% za firmu. To je 50 EUR.

i to posmatramo kao jedno PP što nam je

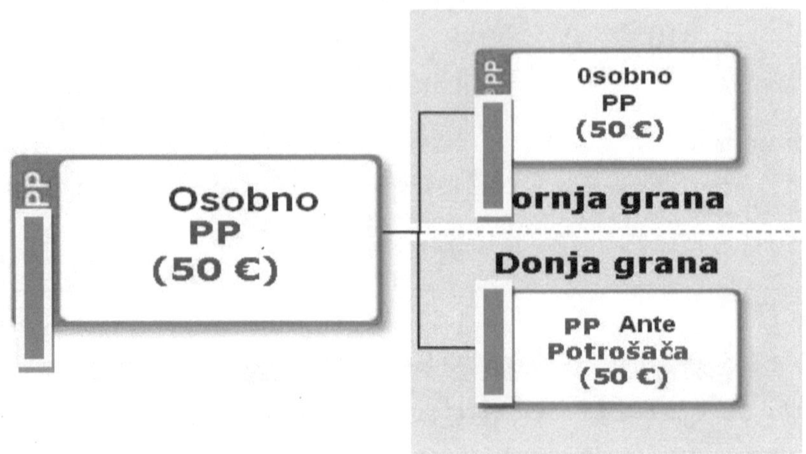

skraćenica za pravo na profit.

Dakle, kupovinom televizora koji košta 850 EUR, rasporedilo se po 1% i po 0,5% gdje je trebalo i ostalo je još 50 EUR, za šta Vam firma postavlja vaše osobno PP koje se smješta u binarnu matricu. Binarna matrica je mreža u kojoj na jedan čvor možete vezati samo dva nova. U prethodnom primjeru vaše mreže smo vidjeli da ste vi doveli 3 prijatelja, a svako od njih po 3 nova, a mogli ste i više. U binarnoj matrici se potrošačka prava smještaju dva po dva. Tu binarnu mrežu zovemo binarnim stablom. Svako vaše PP je početak jednog binarnog stabla, koje ime gornju i donju stranu (granu).

Ako ostvarite pravo na još jedno PP, onda to recimo smjestite u gornju granu. Ako vaš saradnik ostvari PP, onda smjestite to u donju granu. Sledeće PP može da ide samo negdje ispod ova dva PP. Kako se budu slagala potrošačka prava u gornjoj i donjoj grani, dobijaćete određene provizije za to. Cilj je da sakupite i na gornjoj i na donjoj grani po 31 PP kako biste dobili jedan veliki vaučer koji možete potrošiti kod firmi partnera.

Prvu proviziju dobijate već kada imate 1 PP u gornjoj i 1 PP u donjoj grani. Tada dobijate 5 EUR! Da naglasimo, nemate nikakvih obaveza po pitanju broja uključenih saradnika ili stečenih PP. Sljedeća zarada dolazi kada imate 3 gore i 3 dole, tada dobijate 10 EUR. I tako redom za 7 gore, 7 dole dobijate 15 EUR, za 15gore, 15 dole dobijete 20 EUR, 31 dole dobijate vaučer od 450 EUR. Vaučer ide na vaš poseban račun, račun vaučera, koji možete da iskoristite isključivo kod firmi partnera, ali bez ograničenja. Vaša je odluka da li ćete za vaučere da kupite hranu, odjeću, tehniku ili automobil. Firme Partneri vam stoje na raspolaganju, imamo jako mnogo partnera.

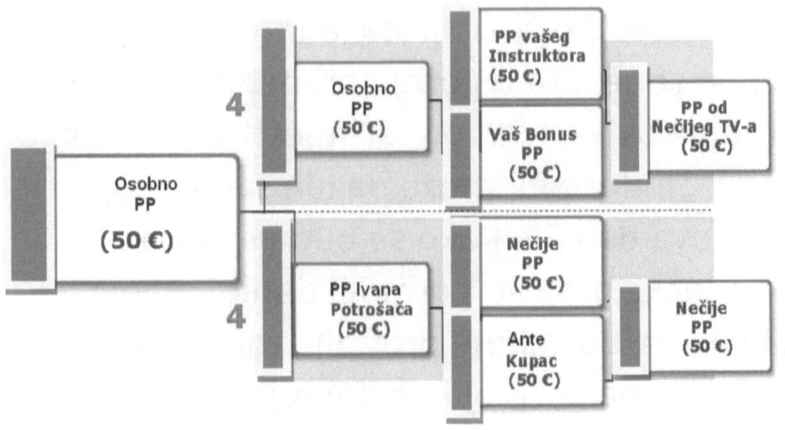

Na prethodnoj slici smo imali razne situacije. Kao što vidite, ispod vašeg PP može da se nađe i PP vašeg instruktora, što se u binarnim sistemima naziva prelivanje (spillover na engleskom), jer dobijate provizije i od rada ljudi koje niste vi uveli u posao. To obično ohrabri "nevjerne Tome", a kada vide da su nešto malo dobili sa skoro ni malo rada, onda dobiju volju i konačno počnu da rade.

Ukupno se sa ovim PP kog steknete dobijate 50 EUR keš provizije i 450 EUR vaučer provizije, a to je ukupno 500 EUR- Računica za Bosnu i Hercegovinu(U drugim drzavama je keš duplo veći, a vaučer nešto manji). Televizor ste platili 850 EUR, što znači da ste dobili "popust" skoro 60%! Gdje to još ima? Ovo je nemoguće dobiti bilo gdje, osim ako popuste pripustite kroz mrežni marketing. I ovo je konačno odgovor onima koji bi da se uključe u ovakvo udruženje potrošača i traže odmah popust od 10%! Ne isplati se!

Šta su akontacije?

Mi ćemo zapravo sada da obrnemo proces. Za one koji neće da čekaju da prvo kupe nešto kod firmi partnera da bi počeli da zarađuju od PP binarnog stabla, postoji još jedna sjajna mogućnost. Vi možete da "kaparišete" buduću kupovinu. Pojam kaparisanja je razumljiv i stoljećima prihvaćen. Kada hoćete nešto da vam trgovac ostavi u stranu, vi položite recimo 10% kaparu. Ako odustanete od kupovine, kaparu ne dobijate natrag, jer je trgovac mogao to da proda da vi ste tražili da vam to skloni u stranu. A ako recimo prodavac ipak odluči da nekom proda tu robu iako ste vi nju kaparisali, onda prodavac vama treba da vrati vašu kaparu i da vam plati još toliko (kao da vam je vratio duplu kaparu). Međutim, u ovom genijalnom sistemu, vi ćete sigurno negde potrošiti tu akontaciju koju eventualno platite, jer niste ograničeni šta da kupite, niti gde da kupite! Na raspolaganju vam je sve što hiljade firmi partnera imaju u ponudi, možete da trošite akontacije djelimično ili u cjelini i tako dalje. Znači došli smo do mogućnosti da platite akontaciju za vašu buduću kupovinu, odmah imate PP koje ste tako stekli, smjestite ga u binarno stablo i počnete da zarađujete od toga. Akontacije se nikada ne vraćaju natrag. Njih možete da dopunite do punog iznosa kupovine i tako potrošite kod firme partnera, ali povlačenja nema, što je opet razumljivo ako se uzme u obzir gornje objašnjenje.

Jasno je da nije ista akontacija za televizor, za automobil ili za kuću. Tako imamo u ovom našem sjajnom sistemu 6 trgovačkih kategorija. Prvu smo spominjali, ona je 50 EUR. Druga kategorija je tri puta veća 150 EUR, treća kategorija 400 EUR, četvrta 1.200 EUR, peta je 3.600 EUR. i šesta je 7.200 EUR. Ako neko odmah plati akontaciju za II kategoriju, onda se ona isto smešta u binarno stablu druge kategorije, skupljaju se 1 gore, 1 dole, a provizija je 3 puta veća nego u prvoj kategoriji jer je 3 puta i veća akontacija. Znači 30 EUR na 2/2. Isplate idu isto na 1/1, 3/3, 7/7, 15/15, konačno na 31/31 se dobija vaučer koji iznosi 800 EUR.

Vaučeri koji se dobijaju kada popunite PP u određenoj kategoriji su:

Trgovačka kategorija	Iznos vaučera
I. Kategorija	450 EUR

II. Kategorija	1350 EUR
III. Kategorija	2000 EUR
IV. Kategorija	7000 EUR
V. Kategorija	21000 EUR
VI. Kategorija	40000 EUR

Kompletno objašnjenje kako se zarađuje u prvoj kategoriji važi i za drugu kategoriju, samo što su provizije mnogo veće nego u prvom slučaju, krajnji vaučer nije 450 eura. nego 1350 eura.

Slično važi i za treću, četvrtu, petu i šestu kategoriju. Ako pažljivo proučite prethodna objašnjenja, onda ćete tačno znati šta se kada dešava. U šestoj je vaučer nevjerovatnih 40 000 eura

Treći vid zarade: karijera

Sada prelazimo na objašnjenje karijere i karijernih zarada. Ovde počinje ozbiljan posao, a ja ću vam samo započeti objašnjenje da znate šta vas sve još čeka!

U svakoj kategoriji PP vam donosi određeni broj jedinica za karijeru. Jedinice se kumuliraju godišnje, bez obzira kada ste se uključili. Osobne jedinice, koje ćemo kasnije definisati se mogu preneti u sljedeći period, ali samo do 2000 osobnih jedinica.

Kategorije	**Jedinica u karijeri / PP**
I. Kategorija	1
II. Kategorija	3
III. Kategorija	10
IV. Kategorija	30
V. Kategorija	90
VI. Kategorija	180

Tri vrste zarade postoje u karijeri. Prva je zarada od PP-ova koje ostvare vaši prijatelji koje ste direktno uključili. To je zapravo vaša prva linija saradnika, prva dubina. Druga karijerna zarada je zarada od ostvarenih PP-ova od svih vaših ostalih dubina, od druge do beskonačne, ali tu dobijate samo razliku između procenta za vaš karijerni nivo i procenta karijernog nivoa sardnika iz koje linije vam dolazi taj promet. Treća zarada je fiksni iznos po jedinici koja se ostvari u mreži i opet, razlika po nivoima. Molim vas, nemojte očekivati da vam poslednjih par rečenica bude jasno sada. Samo sam rekao šta ćemo da razjašnjavamo u narednom tekstu. Evo tabele sa karijernim nivoima i potrebnim uslovima za napredovanje. Zarada je provizija koju dobijate na 1+1, 3+3 itd.

KARIJERNI SISTEM I POKLAPAJUĆI BONUSI							
Karijerna pozicija		Potrebno jedinica		Karijerni bonus na		Poklapajući bonus u %	
		Ukupno jedinica	Direktnih jedinica	Direktnu jedinicu	Indirektnu jediniu	Direktni	Indirektni
1.	Sales Agent	0	0	1,50 EUR	-	7 %	0 %
2.	Sales Advisor	300	50	2,00 EUR	0,50 EUR	9 %	3 %
3.	Sales Manager	1000	100	2,50 EUR	0,50 EUR	11 %	6 %
4.	Group Manager	3000	300	3,00 EUR	0,50 EUR	13 %	9%
5.	Team Director	10000	1000	3,50 EUR	0,50 EUR	15 %	12 %
6.	Division Director	30000	1500	4,00 EUR	0,50 EUR	16 %	15 %
7.	Owner Director	80000	2000	4,50 EUR	0,50 EUR	17 %	18 %

Instruktorska zarada koja je navedena u ovoj tabeli važi samo za direktno uključene saradnike. Za indiriktne vam ide procenat 3-18% u zavisnosti od stepena karijere i to do beskonačne dubine u mreži! Ovo će entuzijazam kod lidera da dovede do usijanja, kada shvate šta imaju u rukama!

Neka bude ovo dovoljno za prvi dio objašnjenja, jer kao što sam napisao, karijerne zarade sam spomenuo samo da nagovjestim šta sve još ima!

Rezime: koliko možemo da zaradimo?

Jedno jedino PP može da vam donese kada se izvrti do kraja u svim kategorijama gotovine cca 25.000 EUR! Ako ste platili i akontacije u određenim trgovačkim kategorijama, onda zarađujete mnogo više. Ukupno je to suma od 71.900 EUR i onda ponovo iz početka.

Ako startujete odmah sa 3 PP, računajte, posao višestruko jača. Na više od ovoga vas neću ohrabrivati, jer tako sklanjamo gomilu pitanja i prigovora u stranu. Drugi dio detaljnog objašnjenja ćete dobiti na seminarima ili u kasnijim štampanim materijalima. Za sada mislim da je dovoljno i ovo da se vidi zašto je ovaj sistem tako stimulativan! Nakon što sam ovaj dio marketing plana preveo i objasnio, toliko jaku želju imam da počnem da radim, da moram prekinuti pisanje! Vidimo se na seminarima uživo!

Izgled slaganja binarke i raspodjela zarada od PP-a

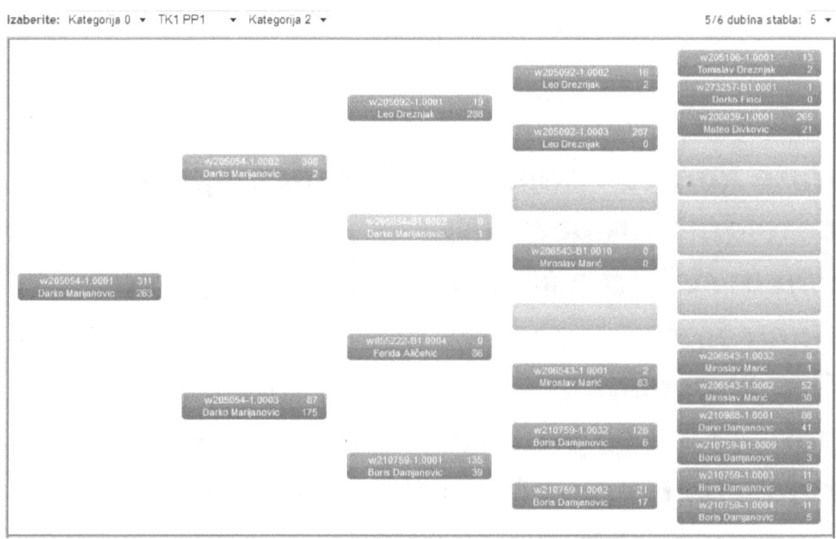

Naša kartica i pogodnosti se mogu potpuno besplatno preporučiti diljem svijeta a koristiti u svim zemljama članicama. Ovo je genijalan, isplativ i inteligentan način potrošnje koji pruža vrijednost potrošaču, trgovcu i preporučiocu (instruktoru)

NAPOMENA: Za samo 350 kartica koje ste podijelili imate zaradu od 800 eura minimalno mjesečno. Fantastično zar ne. Kad ćete ih podijeliti ovisi o vašem timu i od vas. Za godinu dana sigurno se moze ovo ostvariti.

Šta su rekli o Mrežnom Marketingu uspješni ljudi......

- Bil Gejts i Voren Bafet, kada su zajedno kupili jednu MLM firmu..
- Voren Bafet je rekao da mu je to najbolja investicija!

Fortune Magazine
August 11, 2003

NETWORK MARKETING

Brajan Trejsi - Vodeći američki stručnjak za razvoj ljudskih potencijala i osobnog razvoja, pisac, motivacioni govornik, biznis trener, napisao je više od 45 knjiga iz oblasti marketinga, prodaje, psihologije uspjeha.

"Budućnost Mrežnog Marketinga je fantastična, ova grana poslovne industrije će nastaviti da se razvija i da raste jer sve bolji ljudi ulaze u ovaj biznis. Ovi ljudi postavljaju visoke poslovne standarde, tako da će **Mrežni Marketing uskoro postati najpopularniji biznis model na svijetu**." – Brian Tracy

ˇ ı su rekli o Mrežnom ırketingu uspješni ljudi......

- ˈosaki: Biznis 21. vijeka, biznis za ljude koji vole pomagati drugim ljudima.
- Najbogatiji ljudi na svijetu tragaju za mrežama i izgrađuju ih, svi ostali traže posao.

Rekli su o Mrežnom Marketingu....

NETWORK MARKETING

- Donald Trump: The Trump Network/2009.

"Mrežni marketing je moćan alat za ljude koji su motivirani da izgrade veliki privatni biznis. Ako ste poduzetničkog duha i ako ste jako uporni, disciplinirani, fokusirani, onda je mrežni marketing posao za Vas. Budite osoba puna entuzijazma, jer se protiv entuzijazma teško neko može boriti, a zahvaljujući njemu Vi ćete uspjeti. Ne smijete zatvarati oči pred novim stvarima i misliti kako sve znate. **Svijet se brzo mijenja, zato morate da budete u toku i stalno da se razvijate ukoliko želite da uspijete**."

Šta vam još nudimo!!!

- Besplatnu obuku i edukaciju,
- Osobni razvoj,
- Pokretanje privatnog biznisa,
- Timski rad,
- Profesionalnu poslovnu karijeru
- Podršku vašeg instruktora
- Konsultacije
- 7 karijernih pozicija
- Nova poznanstva i putovanja na udaljene destinacije...
    1. bez šefa, poslovođa, i drugih iznad vas
    2. bez fiksnog radnog vremena,
    3. bez rizika
- Zaradu od svega što svaki čovjek svakog dana ionako već kupuje

Dodatni prihodi!!

- Pronalaženje tvrtki partnera sa BM33

Za svaki potpisan ugovor sa nekom tvrtkom zaradite cca 1100 KM i stalnu procentualnu zaradu od svih vaših potrošnji i potrošnje vaše mreže potrošača zauvijek.

0,5%, 1% iz potrošnje i 7 do 18% od karijerne pozicije

- Instalacija najsuvremenijeg kartičnog sistema u vrijednosti od min 50 000 eura uz minimalne naknade
- Uključivanje udruženja i klubova
- Izdavanje potrošačkih kartica
- Obučavanje suradnika i potrošača

Stalnu zaradu od kartičnog sistema i uključenih udruženja i klubova, te od korištenja potrošačkih kartica

Ovaj vid zarada može premašiti mjesečno 10 000 KM, i da biste ovo mogli raditi trebate imati neki od biznis modela

BenQ
Vaučer
720 KM
Vaučer
720 KM

Ovim putem smo vam objasnili samo osnovu ovog posla, a imate desetak vrsta zarađivanja koje ćete naučiti od vašeg instruktora

Inteligentniji će shvatiti, a ostali će analizirati. **Ljudi gube prilike samo radi toga što puno analize dovede ih do paralize**

KARIJERNE ZARADE

Da napomenemo što ste veća karijerna pozicija više i zarađujete

PRIZNANJA I NAGRADE

Što ste veća karijerna pozicija očekuju vas i veće nagrade od kompanije.

PRIZNANJA I NAGRADE

U 5-toj poziciji dotiranje za Osobno predstavništvo – 0,52 KM/J i zlatna značka sa 5 brilijanata

U 6-toj poziciji dotiranje za auto i ofis – dodatnih 0,35 KM/J i zlatna značka sa 6 brilijanata (auto visoke klase – obavezno!)

U 7-moj poziciji učešće u međunarodnoj raspodjeli profita i dodatnih 0,17 KM/J za finansiranje ofisa i automobila

/J = po jedinici

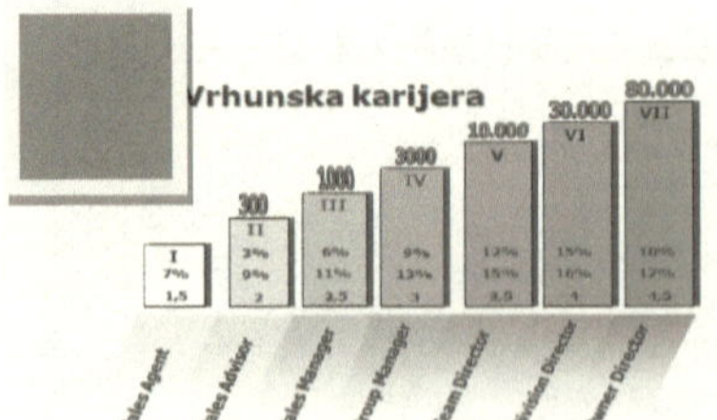

Naš član B.M. je zaradio ovo auto za nekoliko mjeseci rada, zašto to nebi možda i vi. Nitko vam ne brani samo je do vas da radite po uputama.

Šta Vam je činiti?
Pozovite odmah osobu koja vam je dala ovu knjigu , tj vašeg instruktora da vas odmah uključi.

Registracijom dobijate:

1. Vaš web sajt;
2. Besplatnu internet kancelariju;
3. Besplatno praćenje vašeg poslovanja;
4. Povrat novca od svake vaše kupovine u firmama partnerima;
5. Zaradu od potrošnje vaše mreže potrošača;
6. Mogućnost aktivnog učešća u biznisu;
7. Nagrade i priznanja za vaše rezultate;
8. Edukaciju u okviru World Academy;
9. Besplatne liderske seminare (shodno rezultatima rada);
10. Besplatno korištenje svih alata na sajtu (treninzi, prezentacije, seminari...);
11. Priliku za bolji i ljepši život u svakom pogledu uz mogućnost financijske slobode za par godina;

Praćenje svojih računa!

Pratite sve 24/7 na svom mobitelu ili kompjutoru

Praćenje svojih računa!

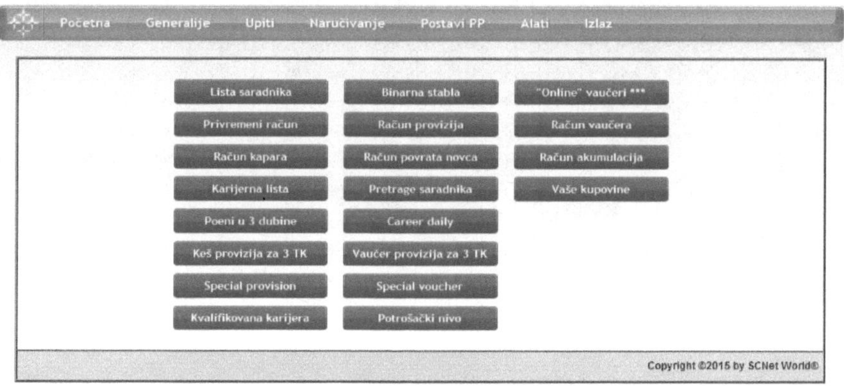

Obračuni se dešavaju u sekundi!

Datum i vrijeme	Iznos	Stanje	TOT uplata	TOT isplata	Bilješke
08.02.2014 19:24:47	40,00	45,84	1.671,90	1.626,06	8/8 na TK1PP13 (provizija: 40)
08.02.2014 19:38:26	30,00	75,84	1.701,90	1.626,06	4/4 na TK1PP15 (provizija: 30)
08.02.2014 19:49:20	-73,70	2,14	1.701,90	1.699,76	Kreiranje Vaučera 205054GC-J6DMPRA5
22.02.2014 18:22:33	20,00	22,14	1.721,90	1.699,76	2/2 na TK1PP11 (provizija: 20)
24.02.2014 22:14:54	30,00	52,14	1.751,90	1.699,76	4/4 na TK1PP14 (provizija: 30)
27.02.2014 07:49:57	-46,11	6,03	1.751,90	1.745,87	Kreiranje Vaučera 2050546O-B2O0VZPA
07.03.2014 14:28:49	-6,03	0,00	1.751,90	1.751,90	Uplata za PP1 u TK:0
14.03.2014 19:11:47	20,00	20,00	1.771,90	1.751,90	2/2 na TK1BPP11 (provizija: 20)
14.03.2014 19:17:34	20,00	40,00	1.791,90	1.751,90	2/2 na TK1PP16 (provizija: 20)
15.03.2014 11:56:32	-32,42	7,58	1.791,90	1.784,32	Kreiranje Vaučera 205054KA-NUMK3EOK
23.03.2014 08:14:47	225,00	232,58	2.016,90	1.784,32	Transfer from special accounts
23.03.2014 08:17:41	-59,30	173,28	2.016,90	1.843,62	Kreiranje Vaučera 205054ZB-VN9JODBV
23.03.2014 08:29:53	-61,42	111,86	2.016,90	1.905,04	Kreiranje Vaučera 205054A3-O3QLV3WW
24.03.2014 10:00:11	-47,67	64,19	2.016,90	1.952,71	Kreiranje Vaučera 205054Z4-YPOOJR1E
25.03.2014 18:52:30	3,00	67,19	2.019,90	1.952,71	TK1PP2 (karijerni bonus: Mateo Divkovic)
25.03.2014 18:55:41	2,80	69,99	2.022,70	1.952,71	Transfer from special accounts
26.03.2014 11:08:51	-36,85	33,14	2.022,70	1.989,56	Kreiranje Vaučera 205054A4-GBD54QVO
28.03.2014 09:49:07	20,00	53,14	2.042,70	1.989,56	2/2 na TK1PP10 (provizija: 20)
28.03.2014 10:04:54	-49,13	4,01	2.042,70	2.038,69	Kreiranje Vaučera 205054A7-S1BMTGJE
04.04.2014 18:12:43	6,00	10,01	2.048,70	2.038,69	Transfer from special accounts

Prikaz 161 - 180 od 316 slogova

Prvi Prethodni 7 8 9 10 11 Sledeći Poslednji

Total: 3.067,40 BAM

Vaše kupovine

Vaše kupovine: 2014-10-27 13:55:42

Od datuma: 01 10 2014 - 27 10 2014 Pretraga

Prikaz 100 slogova po strani Pretraži

Datum i vrijeme	Partner	Iznos	%	Povrat	Status	Autorizacioni kod
24.09.2014 00:00:00	TELEFONIJA	87,85	8.00	7,03	Realizovano	N/A
29.09.2014 00:00:00	TELEFONIJA	87,85	8.00	7,03	Realizovano	N/A
10.10.2014 00:00:00	APOTEKE "AL-HANA"	1,40	6.00	0,08	Otvoreno	N/A
21.10.2014 00:00:00	Restoran-picerija "GURMAN"	8,00	10.00	0,80	Otvoreno	N/A
21.10.2014 00:00:00	Restoran-picerija "GURMAN"	4,00	10.00	0,40	Otvoreno	N/A
22.10.2014 00:00:00	Restoran-picerija "GURMAN"	4,00	10.00	0,40	Otvoreno	N/A
25.10.2014 00:00:00	Restoran-picerija "GURMAN"	9,50	10.00	0,95	Otvoreno	N/A
25.10.2014 00:00:00	Restoran-picerija "GURMAN"	2,00	10.00	0,20	Otvoreno	N/A
25.10.2014 00:00:00	Restoran-picerija "GURMAN"	16,00	10.00	1,60	Otvoreno	N/A

Prikaz 1 - 9 od 9 slogova (isfiltrirano od ukupno 13 slogova)

Rekapitulacija:

Ideja: **Udruženje potrošača GENIJALNO!**

Koliko košta? **100% BESPLATNO**

Da li ću umjeti? **KAPARE SU VAŠ NOVAC**

Imam li potrebe? **Da, nikad lakše!**

To Vi znate!

Zasto je ovaj posao br. 1 ?

ZARADA OD SVEGA ŠTO VEĆ SVAKAKO SVI KUPUJEMO

Zasto je SCnet MLM 1?

GORIVO

Zatražite svoju karticu za gorivo i ostvarite povrat na sva goriva

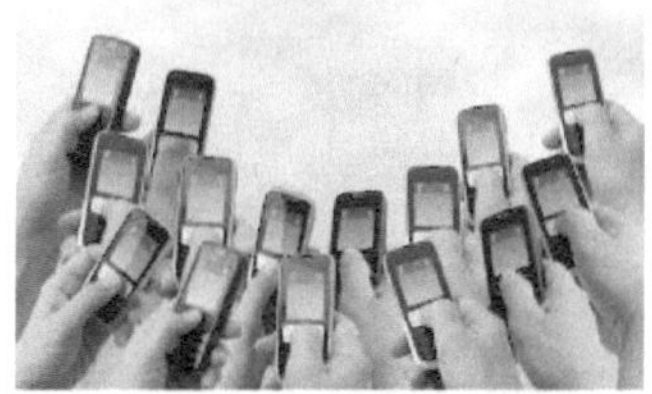

MOBILNA TELEFONIJA

Zatražite SCnet TOP TIM ERONET
i Eronet vam vraća sistemski 13% novca

...KAO I SVE OSTALO...

KOJOJ GRUPI BI ŽELJELI DA SE PRIKLJUČITE:

Suradnička premium kartica sa kojom želite da zaradite, štedite i aktivno pomognete udruženjima građana i preporučujete druge članove te zarađujete od navedenih tvrtki, uključujete tvrtke partnere gdje ste plaćeni i za to – cijena ovog poslovnog paketa je 130 KM tj 1 PP min i kartica (rok važenja 3 godine)

Liderska GOLD kartica sa kojom želite da zaradite, štedite i aktivno pomognete udruženjima građana i preporučujete druge članove te zarađujete od navedenih tvrtki, zarađujete duplo u 3. i 4. dubini od gore navedene kartice, *uključujete tvrtke partnere* gdje ste plaćeni i za to po ugovoru čak 1000 KM, plus zarada po prodatim karticama – za vlasnike BM33 (nema roka važenja)

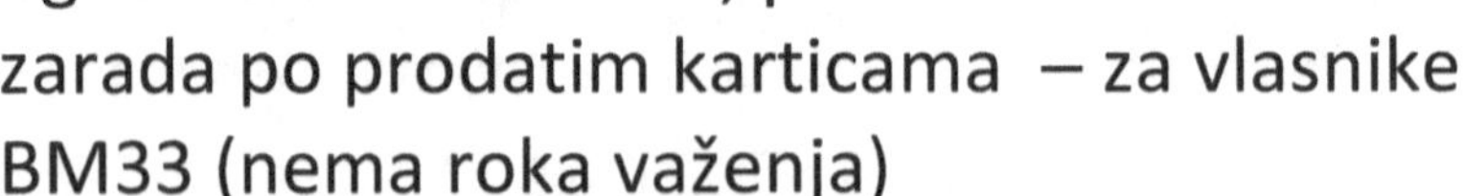

Navedeni novac možete i potrošiti u narednim kupovinama kao kao dio veće kupovine.

Na kraju imate 4 mogućnosti

1. <u>**Registrovani potrošač** – Suradnik – Besplatna verzija,</u>

2. **Aktivni saradnik** sa malim biznis modelom
Model 3+1 ili još bolje Model 7+1
3. Mogućnost **Veliki Biznis Model M33®**

- Brza cesta-autoput za lidere
- 28 akontacija po 100 KM donosi 33 pozicije
- Cilj je da ovo postane model za duplikaciju
- Provjereno u praksi:

Daje mogućnost da novac počnete zarađivati **ODMAH** i - omogućava brz rast u karijeri preko 12 puta **(veoma važno) a i garancija je našim partner tvrtkama da ćete trošiti kod njih.**

Osoba koja ima biznis model je dokazala ozbiljnost i povjerenje u vas i sistem.

4. Mogućnost **Zlatni paket Gold Pro**
1 PP u nultoj,
BM 33 u prvoj,
3 PP u drugoj,
1 PP u trećoj to je Gold Pro paket,
A nosi i onom ko uplati i svima iznad po 300 bodova u karijeri, što znači karijernu poziciju dva odmah! /2350 eura!/
Genijalno

Uzmite odmah nekoliko PP-ova, pa testirajte za početak a kad shvatite krenite sa što više možete jer je dobit puta 17. A karijera vam raste puta 12. Informirajte se kod osobe od koje ste uzeli ovaj priručnik.

KORACI

- 1. Poručite sebi jednu od MLM kartica
- 2. Kupujte u tvrtkama partnerima (pogledajte na sajtu i tražite od domaćina da vam da štampani spisak tvrtki partnera)
- 3. Da bi još više pomogli vašoj djeci, sebi, rodbini, udruženjima itd, preporučite karticu i vašim prijateljima i rođacima uz našu pomoć u objašnjenju, imat ćete zauvijek zaradu
- 4. Uzmite nekoliko PP a (akontacija) i pokrenite biznis opciju

POSEBNOST ¸u odnosu na slične kompanije!

- Zarada od SVEGA

- Do 98% se vraća u mrežu
- Zarade od distribucije potrošačkih kartica i sklapanjem partnerstva.
- 4 dubine zarade od potrošnje dok sve konkurencije imaju samo 2
- Jednom kad dođete do karijere, nikad više nemožete pasti u nižu
- Svaku partner tvrtku koju uvedete Vi zaradite 1000 KM + bonusi
- Svaki mjesec putovanje na državne i internacionalne seminare
- Proslave, turistička putovanja (na pr. Tyhani, Balaton, HU)
- Mogućnost zarada vise desetina tisuća eura mjesečno, informirajte se kod svog instruktora.

<u>VIŠE OD SVEGA</u>, jednostavno <u>NE MOŽE</u>

Neke od naših prednosti ako posao pokrenemo SADA

- Posao je tek na početku i naše tržište je "mlado"
- Velika mogućnost izgradnje vlastitog biznisa u okvirima MLM kompanije,
- Veliki broj ljudi željno čeka pogodnosti koje pruža MLM udruženje potrošača ... Pokažimo im KAKO?!
- U užem okruženju u kojem živimo, sa ovom poslovnom prilikom će biti upoznato više od 1 milion ljudi! Pitanje je: da li će oni biti dio Vaše mreže potrošača ili ćete Vi biti dio njihove mreže jer će ih netko drugi učlaniti a oni poslije vas?

Vrijeme nikoga ne čeka – ne trošite ga uzalud, <u>nego ga počnite koristiti!</u>

SIGURNO JE DA....

Ova poslovna prilika

Ona će teći sa nama ili bez nas...

Samo je pitanje, da li želimo napraviti na njoj branu kako bismo dio tog ogromnog potencijala iskoristili za neke naše interese...

I na kraju: "Da li će svi vidjeti ovaj potencijal???"

90% neće?
10% proaktivnih hoće i to je sasvim dovoljno da zaradimo velik novac

Odaberite kojoj grupi ćete Vi pripadati........

Izvor i preporučena literatura:

1. Osnovna prezentacija opisane kompanije
2. Izvor stalnih prihoda - Burk Hedžis
3. Profesionalna izgradnja mreže - Robert Batvin
4. Misli i postani bogat, Napoleon Hill
5. Bogati otac, siromašni otac, Robert Kiyosaki
6. Poslovna škola, Robert Kiyosaki

Državni Seminar

Državni seminar svaki mjesec u 15:00 – Hotel Hollywood, Ilidža

Ovaj seminar je najbolja prilika da dođete i uvjerite se da su ovakvom poslu i najuspješniji, u stvari, "obični ljudi" iz svih društvenih staleža (*domaćice, zanatlije, sportisti, činovnici, umirovljenici, sekretarice, nastavnici, lijekari, inžinjeri, doktori nauka...*)

Cijena ulaznice za ovakav seminar kod nas je samo **10KM**, dok je u drugim državama od 30€ pa i više.

Obavezno koristite sistem

- Svakog dana u 9h osim nedeljom, na WEB konferenciji na stranici radimo jutarnje motivacione treninge a u 20h prezentacije biznisa! Zatražite od instruktora ili osobe koja vam je dala ovu knjigu link stranice i WEB konferencije da možete ulaziti i slušati.
- Sve kupovine izvršite preko sistema, hrana, odjeca, obuca, kozmetika, gorivo i telefonija kao i sve ostale usluge. Inače ne očekujte da će to uraditi itko iz vaše mreže ukoliko i vi to ne radite. Znači zato nemate zarade
- Obavezno pokrenite biznis u binarnom sistemu
- Obavezno se pridrzavati osnovnih koraka (franšiza)

Jednostavna lista tj. franšiza koju morate obraditi zajedno sa instruktorom

1. Cilj, vremenski okvir
2. Lista poznanika
3. Uzimanje preporuka
4. Poziv na sastanak

5. Saznavanje potreba
6. Prezentovanje biznisa (marketing plan)
7. Zaključenje posla
8. Start biznis sastanak – Novo!
9. Edukovanje sebe i svoje grupe – TRENING
10. Timski rad(no kroslajn, konsultacije)
11. 100% potrošač

Ovih 11 koraka vam točno pomažu da uspijete u ovom poslu, a njih učite na liderskim, državnim i internacionalnim seminarima. Naravno uz svog instruktora možete ih obraditi na osnovnom nivou.

UKOLIKO NISTE SHVATILI A ZAINTERESIRALO VAS JE, NE TRAŽITE INFORMACIJE OD NESTRUČNIH OSOBA NEGO OD OSOBE KOJA VAM JE PREPORUČILA OVU KNJIGU ILI NA EMAIL: msgklub@gmail.com.

SRETNO

NOVI POČETAK

BRAND MLM

POKRENI SE I OSTVARI SVOJ SAN

AUTOR: DARKO (PUCOLA) MARIJANOVIĆ

POSTANI USPJEŠAN PO VJERSKIM PRINCIPIMA,
POMOZI DRUGIMA DA POSTANU USPJEŠNI DA BI I TI
IMAO PROCENAT OD NJIHOVOG USPJEHA

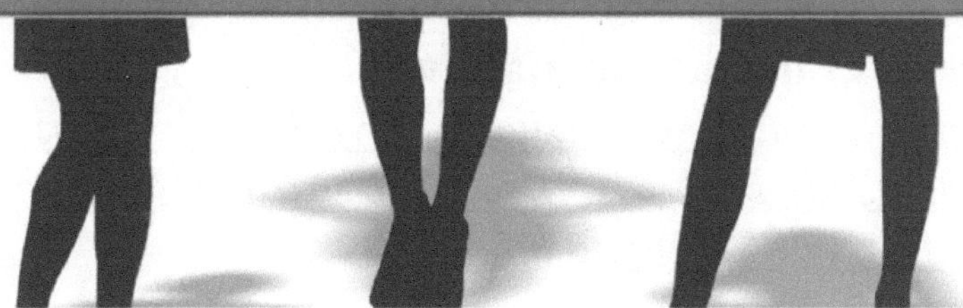

Nabavite obavezno knjigu „NOVI POČETAK" u kojoj opisuje kako od nule krenuti do uspjeha na jednostavan način i gotov sistem.

Narudžba na E-mail: msgklub@gmail.com
Ili od osobe koja vam je izdala karticu

UKRATKO O AUTORU:

Darko (Pucola) Marijanović

„Svjestan sam da nemože svatko biti vlasnik svog biznisa, ali beskorisno je raditi za druge" kaže Darko Marijanović – Pucola.

Rođen 1971 godine, mjesto Jasenica , Općina Mostar Bosna i Hercegovina, gdje i završava strojarsku školu. Sa 16 godina se počeo zanimati za elektroniku i robotiku, i konstruira dječiju robot auto igračku koja razmišlja kao buba. Samim završetkom škole odlazi u tadašnju JNA gdje odslužuje 18 mjeseci vojnog roka. Nakon toga početkom rata ulazi aktivno u policijske i vojne snage gdje je ostvario najveći čin dočasničke strukture 2000 godine u oružanim snagama Federacije BiH.

1993. zarobljen od strane dotadašnjeg prijatelja i biva odveden u koncetracioni logor SDK Mostar i doživljava zajedno sa bratom teške trenutke koje su ga navele na duboka razmišljanja o ljudima oko njega pogotovo o komšijama i rodbini, što će i opisati u jednoj od narednih knjiga.

Autor knjige „NOVI POČETAK“ izdane 2015 godine.

Autor knjige „ISTINA“ izdane 2017 godine na hrvatskom i engleskom jeziku

Kao predavač vojne taktike i topografije predavao je za pješačku brigadu vojske BiH ove tematike. Za taj period je napisao nekoliko internih vojnih priručnika po kojem je vojna izobrazba rađena sve do 2001 godine. Pored mnogih škola i tečajeva završio dočasnički pilot program vojne akademije u Zagrebu sa najvećom ocjenom 4,77.

Pozivan da se pridruži politici tadašnje aktivne stranke odbija jer ni to nije za njega bilo ispravno kao svjesnom i ambicioznom čovjeku da će živjeti na budžetu na račun poreznih obveznika i naroda.

Shvativši da je vojska gubljenje životnog vremena, odlazi i započinje privatni biznis otvarajući kafiće, internet klubove, servise itd.. Poznat po imenu Campus, **Club 22** i igraonica **GeForce Club** Mostar, MSG klub, te kao i menadzer za organiziranje muzičkih zabava i itd...

Prvi je sa Jožefom Ambružom i nekoliko svojih kolega donio i Street Race sport u Bosnu i Hercegovinu te sa poznatim Auto Moto klubom „NITRO" Mostar razvio ovaj sport do savršenstva (Utrke ubrzanja na 402 metra). Povijest street racea u BiH će biti napisana po njima dvojici i par tadašnjih prijatelja.

Dugo godina se bavio hostingom i web dizajnom gdje je radio web stranice za Franjevce i bezbroj ostalih klasičnih tvrtki, a sa tadašnjim osobnim web portalom www.euroblic.info ušao među **top 5 najboljih** web stranica 2007. godine u kategoriji "Mediji, novosti, oglasnici" i time postao prvi BiH web site koji se može pohvaliti titulom "Hrvatskog internetskog Oscara" Link kao dokaz: **http://arhiva.vidi.hr/vidiwebtop100/2007/** , pored konkurencije od 2500 prijavljenih.

Pored raznih drugih aktivnosti sa kojima se bavio kao, organiziranje, proslava, muzičkih manifestacija, derneka, događaja gdje je njegov ***AMK „NITRO"*** sudjelovao u jedinom okupljanju u Hercegovini svih bosansko hercegovačkih vlasnika porschea i na desetke utrka ubrzanja na 402 metra u BiH . Zatim je režisirao i snimio muzički spot u kojem je i sam bio glavna uloga za pjevača Miroslava

Stijakovića – Tata Mićko, pjesma „ ***nisu mene ubile ove lude godine***“, pogledati na youtube. Dolaskom nametnute bankarske krize i nametnute nerealne politike za male poduzetnike upoznaje mrežni marketing i potpuno nakon pristupanja u isti zatvara sve svoje ugostiteljske objekte, razdijelio svu opremu spuštajući se na nulu , želeći da se potpuno posveti pomaganju ljudi kroz MLM.

Za nekoliko mjeseci je ostvario karijernu poziciju u opisanoj kompaniji u kojoj je investirao što ga je navelo da se bavi MLM-om što profesionalnije može i zadao cilj da će uspjeti u krajnjem roku od 8 godina.

O autoru napisala: Aldijana M.

Čovjek je ono što sam učini od sebe.
Jean Paul Sartre

ISBN: 978-1-387-11853-3

www.ingramcontent.com/pod-product-compliance
Lightning Source LLC
LaVergne TN
LVHW101951220826
846093LV00006B/182

* 9 7 8 1 3 8 7 1 1 8 5 3 3 *